AF371342

HOMILÉTICA PRÁCTICA

HOMILÉTICA PRÁCTICA

Por
TOMÁS HAWKINS

EDITORIAL MUNDO HISPANO

EDITORIAL MUNDO HISPANO

130 Montoya Road, El Paso, TX 79932, EE. UU. de A.

www.editorialmundohispano.org

Nuestra pasión: Comunicar el mensaje de Jesucristo por medios impresos y digitales, a fin de animar y apoyar la formación de sus discípulos.

Homilética práctica. © Copyright 1968, Editorial Mundo Hispano, 130 Montoya Road, El Paso, Texas 79932, Estados Unidos de América. Todos los derechos reservados. Prohibida su reproducción o transmisión total o parcial, por cualquier medio, sin el permiso escrito de los publicadores.

El original de este libro fue publicado por la Junta Bautista de Publicaciones, Buenos Aires, Argentina.

Diseño de la portada: Gio Camacho

Primera edición: 1968
Vigésimaoctava edición: 2023

Clasificación Decimal Dewey: 251

Temas: 1. Predicación, 2. Sermones - Preparación

ISBN: 978-0-311-42041-4
EMH Núm. 42041

1 M 4 23

Impreso en Colombia
Printed in Colombia

INDICE

PREFACIO

El estudio de la Homilética abarca todo lo que tiene que ver con la buena preparación y la presentación aceptable de pláticas religiosas de toda clase. Es cierto que generalmente se piensa en la Homilética en relación con los sermones. Pero es igualmente aplicable a los discursos religiosos en general; a las partes que se presentan en las reuniones juveniles, la Unión de Preparación, la Sociedad de Señoras, las organizaciones Auxiliares, las lecciones de la Escuela Dominical, o, en resumen, a cualquier otra presentación que se precisa hacer ante el público en forma de discurso.

En este libro procuraré no solamente mostrar cómo preparar discursos (y especialmente bosquejos) sino también cómo recoger material de la Biblia y de otras fuentes para tener una buena base para lo que se prepara y, luego, cómo presentar lo preparado ante el público de manera atractiva y de tal manera que dé los resultados deseados.

Procuraré sobre todo hacer hincapié en lo práctico e incluir un mínimo de lo teórico. Eso será de acuerdo con la finalidad principal del libro: mostrar a los que son predicadores laicos cómo preparar y presentar pláticas de manera efectiva. Pero esperaría que todos los que se dedican a proclamar la Palabra de Dios en público de cualquiera forma y en cualquier categoría puedan sacar algo de provecho de lo escrito.

T. HAWKINS

PRIMERA PARTE

ALGUNAS NORMAS FUNDAMENTALES

CAPÍTULO I

COMO ESTUDIAR LA HOMILETICA

I. ESTUDIO DE LIBROS DE TEXTO.

En castellano tenemos varios libros, que nos pueden enseñar muchas verdades útiles en cuanto a la Homilética. El "Tratado sobre la Predicación" por el Dr. Juan A. Broadus, es probablemente el libro más conocido sobre el asunto. Ha sido traducido a muchos idiomas y se usa en los seminarios de muchas denominaciones. Para el predicador laico probablemente resultará muy avanzado. Además, como fue escrito hace muchos años, en muchos sentidos no se adapta a las condiciones actuales. Sin embargo, el que tiene la oportunidad de leerlo sacará mucho provecho del mismo. Luego tenemos otro libro escrito hace bastante tiempo, pero que en muchos sentidos es siempre de actualidad e interés. Se trata de "Discursos a Mis Estudiantes", por C. H. Spurgeon. Son pláticas que él tuvo con los alumnos de su "Colegio" (que en realidad era un seminario). Contiene muchos consejos prácticos, pero escasean las indicaciones precisas en cuanto a cómo preparar discursos. Sin embargo, tomando en cuenta la abundancia de consejos y la naturaleza inspiradora del libro quisiera recomendar que todos lo leyeran cuidadosamente. Tenemos también un libro moderno escrito por Andrés W. Blackwood, titulado "La Preparación de Sermones Bíblicos". No es tan difícil como el "Tratado sobre la Predicación", pero aun así para la mayoría de laicos quizá no resulte fácil. En gran parte se limita a lo que indica su título: la manera de preparar sermones bíblicos. También es muy recomendable "Arte cristiana de la Predicación" de Angel Mergal. Tenemos además un librito sencillo y práctico. Es "Así predicó Jesús". Se trata de la predicación expositiva desde el punto de vista de que toda predicación que se base en un pasaje bíblico, sea corto o largo, es de naturaleza expositiva.

Da muchas sugestiones prácticas en cuanto al estudio del pasaje que uno va a exponer. Recomiendo mucho este libro.

II. ANALISIS DE SERMONES.

Uno aprende mucho del análisis de sermones de predicadores sobresalientes, tales como Spurgeon, Moody, Talmadge, Carrol, Varetto, Billy Graham y muchos otros que se podrían mencionar. Quizá el primer beneficio que se nota es la inspiración que se recibe al tener comunión con ellos por medio de la lectura de sus sermones. Luego, se aprende mucho de ellos viendo los métodos que usaron para presentar con tanta eficacia la Palabra de Dios. Además, recoge mucho material en forma de enseñanzas, ilustraciones, y citas que uno siempre puede usar. Y sin duda en muchas ocasiones se encontrará en el sermón en general algo que se puede usar con mucha eficacia, amoldándolo en algo a su propia modalidad.

Pasos en el análisis de un sermón escrito:

1. Fijarse en la **manera de expresar el tema**, para ver si hay algo que es sobresaliente. Por ejemplo, en el tomo de sermones de C. H. Spurgeon veo, al mirar el contenido, los siguientes temas que me llaman la atención: "Del estercolero al trono" y "La voz de la sangre".

2. Leer cuidadosamente la *base bíblica* del sermón.

3. Hacer un resumen breve de la *introducción*, notando especialmente su contenido, si es largo o corto, y si a su juicio introduce de manera eficaz el cuerpo del sermón que sigue.

4. Fijarse en el encabezamiento de *cada división* y hacer un resumen muy breve de cada división.

5. Hacer una lista de las *ilustraciones* que le llamen la atención.

6. Fijarse en la manera de aplicar las enseñanzas del sermón. Algunos predicadores hacen la aplicación a medida que desarrollan los pensamientos; otros la hacen al terminar cada división y muchos la hacen solamente en la conclusión.

7. Fijarse en la naturaleza de la conclusión y hacer un breve resumen de la misma.

De este análisis se sacará más provecho si se lo escribe. Y le conviene guardarlo.

III. PRACTICA EN LA PREPARACION DE PLATICAS.

La meta de la Homilética es saber preparar con facilidad temas que presenten en forma atrayente un mensaje de la Palabra de Dios, con tal eficacia que los oyentes comprendan lo que deben hacer y sean movidos a hacerlo. En último término, no queda otro camino al éxito en este sentido que la práctica en la preparación del trabajo. Y esto quiere decir que uno tiene que practicar y seguir practicando hasta poder preparar y presentar su trabajo con facilidad y eficacia. Tomaremos por ejemplo los textos breves que tienen en sí ciertas divisiones (ver esta clase en la página 51). No hay que conformarse con estudiar las indicaciones sencillas que allí se dan y el bosquejo ilustrativo, sino más bien debe practicarse la formación de bosquejos con una lista de textos de la misma naturaleza. Y aún sería mejor leer la Biblia cuidadosamente y añadir muchos textos más a esa lista, y luego practicar con ellos. Y otro tanto se debe hacer con todas las demás formas de bosquejos que se encontrarán en éste y otros libros. Haciendo esto se sorprenderá de la facilidad con que en poco tiempo preparará buenos bosquejos.

Capítulo II

LAS PARTES FUNDAMENTALES
DE UNA PLATICA

Debe **estudiarse cuidadosamente el pasaje bíblico.**

Esto es básico y constituye el fundamento de todas las partes que siguen.

El segundo paso consiste en **determinar cuál será el pensamiento central.** Posiblemente se encuentren varios pensamientos sobresalientes en el pasaje bíblico. En algunos casos posiblemente se deseará hacer un análisis completo del mismo. Pero generalmente conviene escoger un solo hilo de pensamiento y desarrollarlo. En todo caso, aún cuando se haga un análisis de todo el pasaje, es aconsejable buscar un solo hilo de pensamiento que una todos los detalles. Por ejemplo, haciendo un estudio de Romanos 12, se podría tomar el tema general: "Las características del creyente", y abarcar todo el capítulo. O podría limitarse el tema principal del versículo 1. "La presentación del cuerpo a Dios". O podría desarrollar el tema: "Cómo cada uno debe pensar de sí mismo" (v. 3). O podría tomar como pensamiento principal: "Los creyentes como miembros del cuerpo de Cristo" (vv. 4-8). Se ve, pues, que lo principal es tomar un solo pensamiento y seguirlo desde el principio hasta el fin del mensaje. Se habrá dado cuenta que el pensamiento principal realmente constituye el tema de la plática.

La **introducción** debe estar íntimamente relacionada con el pensamiento principal (tema) y ser de tal naturaleza que guíe a los oyentes a entrar en la huella del pensamiento y estar dispuestos a seguirla hasta el fin. Por ejemplo: el mensaje basado en Romanos 12:1, tomando como tema principal "La presentación del cuerpo a Dios", podría tener como introducción el hecho de que todos tenemos cuerpos y que nuestro cometido en el mundo se limita a nuestro uso del cuerpo. Luego, si quiere, podría decirse algo sobre lo maravilloso que es el cuerpo y cuánto se puede hacer para Dios cuando se lo dedica a El. Entonces se estaría listo para entrar en las divisiones del tema y analizar lo que dice Pablo de la presentación del cuerpo a Dios.

Ha de tenerse mucho cuidado para que las divisiones sigan el hilo del pensamiento principal (el tema). Por ejemplo, tomando como base Juan 3:16 y como pensamiento principal y tema "Verdades sobresalientes en cuanto a la salvación", las divisiones serían las siguientes:

1. La **fuente** de la salvación: amor de Dios.

2. El **medio** de la salvación: Jesucristo.

3. La **extensión** de la salvación: todo el mundo.

4. La **condición** de la salvación: creer en Cristo.

5. El **resultado** de la salvación: vida eterna.

Se nota cómo estas divisiones se desarrollan de manera ordenada y se limitan al tema y pensamiento central.

En cuanto a la **aplicación** de lo que se dice a los oyentes para que lo pongan en práctica, se puede hacer en el desarrollo o en la terminación de cada división o se puede hacer también, en gran parte en la conclusión. Probablemente una combinación de ambos sistemas es lo mejor.

La **conclusión** debe ser la culminación del pensamiento principal. Por ejemplo: la conclusión de la plática sobre Juan 3:16 podría ser más o menos como sigue: "Ya que Dios nos ama tanto que envió a su único Hijo para morir en nuestro lugar, y que a cada uno de nosotros nos ofrece la salvación por medio de El, con tal que tomemos este paso tan sencillo de creer en Cristo, y al creer en El nos asegura que gozaremos de vida eterna, apresurémonos cada uno a aceptar a Cristo como Salvador."

Es una buena costumbre escribir la conclusión, después de haberla pensado bien, porque es la parte de la plática que recalca el mensaje de la misma.

Capítulo III

RECOGIENDO MATERIALES

I. ESTUDIO GENERAL.

Casi cualquier estudio sirve como base para sermones. Cuanto más preparación escolar uno tiene mejor es. Luego uno debe formar el hábito de estudiar sistemáticamente y aprovechar el tiempo libre para instruirse. A lo menos debe leer el diario para estar al corriente de lo que pasa en el mundo. También constituye una fuente inagotable de ilustraciones. Además cualquier revista que trata de actualidades mundiales es de importancia.

En cuanto a los libros, se puede decir que cualquier libro de naturaleza elevada servirá para mucho: novelas buenas, libros de historia, de ciencia, de psicología, de actualidades mundiales, etcétera.

II. FORMACION DE SU BIBLIOTECA.

Toda persona que desea ocuparse en la obra del Señor y especialmente hablar ante el público debe formarse paulatinamente una biblioteca, según sus capacidades mentales y financieras.

Son cuatro los libros que deben servir como base de su biblioteca. Una Biblia de estudio con letras grandes y tapas duras (puede tener otra con letras más pequeñas, papel más fino y tapas de cuero para llevar cuando sale afuera), el Diccionario Bíblico, una Concordancia, y un Comentario (especialmente sobre el Nuevo Testamento).

Después de conseguir estos libros puede ir añadiendo otros, de acuerdo a su necesidad, interés y recursos financieros.

III. ARCHIVO DE MATERIALES.

Es de suma importancia tener algún sistema para archivar recortes, copia de artículos que no se pueden recortar, materiales que uno prepara, y listas de materiales que encuentra en sus lecturas.

Muchos son los sistemas de archivos. Sin duda los comerciales·en forma de cajones son los mejores. Pero hay otros más sencillos y baratos que se pueden conseguir o preparar uno mismo. Se ofrece en venta uno en forma de libro con una sección para cada letra, y no cuesta mucho. Algunas personas prefieren pegar los recortes en cuadernos. Otras usan sobres. Otras usan una serie de tapas con carpetas. Cualquier sistema es bueno, pero sin duda algunos son mejores que otros. Lo importante es tener alguna manera de archivar los materiales.

Capítulo IV

REGLAS SENCILLAS PARA LA INTERPRETACION DE LA BIBLIA

Se debe estudiar el pasaje mismo en primer tiempo, es decir sin el uso del Diccionario Bíblico ni comentario. Ha de estudiarse (leerse) el pasaje muchas veces hasta compenetrarse bien de su espíritu y sentido. El Dr. G. Campbell Morgan acostumbraba a leer el pasaje que iba a exponer por lo menos cincuenta veces como preparación para cada conferencia. Se puede hacer esta lectura con rapidez.

Si se menciona algún lugar, persona u objeto que no es familiar, entonces debe consultarse el Diccionario Bíblico e informarse al respecto.

Lo mismo pasa en cuanto al uso del comentario. Es decir, que *en el caso de que hubiera algo relacionado con la interpretación del sentido del texto o pasaje* se debe buscar en el comentario para ver qué dice al respecto. (Probablemente convendría tomar estos dos pasos, si fuesen necesarios, antes de hacer la lectura de todo el pasaje).

A menos que se trate de un libro entero, un capítulo que tenga unidad en sí, o una sección que sea una unidad, *se debe leer cuidadosamente lo que viene antes y después juntamente con el texto que interesa especialmente.*

En el caso de que el texto se relacione con una biografía, conviene estudiar cuidadosamente lo que la Biblia dice en cuanto al personaje, fijarse en cuanto a lo que el Diccionario Bíblico dice al respecto, y si tiene a mano un libro (como la vida de Pablo, por Stalker) leerlo si alcanza el tiempo.

Si trata de una plática basado en un *acontecimiento*, es necesario leer cuidadosamente, y muchas veces, todo lo relacionado con el mismo, fijándose bien en cada detalle. Luego se debe aclarar en el Diccionario Bíblico o en el comentario cualquier detalle que no se entiende.

Llegamos a la conclusión, pues, de que la meta de quien se pone a exponer a otros un pasaje bíblico, debe ser entenderlo en todos sus detalles.

CAPÍTULO V

APLICACION DE LA PSICOLOGIA
A LA HOMILETICA

I. Es necesario preparar y presentar la plática de tal manera que haga uso eficaz de las tres facultades de la mente: la inteligencia, las emociones y la voluntad.

1) La inteligencia.

La meta de cualquiera plática espiritual es procurar que los creyentes comprendan la significación del pasaje bíblico que se usa como base para la misma y luego las explicaciones y aplicaciones que se deducen del mismo. Por esto es necesario aclarar lo mejor posible el asunto y dilucidarlo lo mejor posible.

Pero no basta alcanzar estos fines, porque, en último término, esto dejaría a los oyentes sólo con una comprensión del asunto, pero sin llevarlos al terreno de la práctica en ningún sentido.

2) Las emociones.

Es necesario apelar a las emociones de los asistentes, para poder moverlos a poner en práctica en sus vidas y en favor de otros lo que se les enseña. Las emociones a las cuales el predicador debe apelar, son amor para con Dios y sus semejantes, dolor por las condiciones desfavorables en que viven, paciencia para consigo mismo y para con los demás, y odio al mal que daña a uno mismo y a los demás, que es contrario a la voluntad de Dios.

3) **La voluntad.**

Después de haber instruido la inteligencia, y luego de haber movido las emociones a base de los datos presentados, y la forma de presentación, es necesario apelar a la voluntad, mostrando cómo llevar a la práctica lo que se ha recomendado, y moviéndolos a hacer esto. Sin tomar este último paso los esfuerzos quedan en la nada y ningún resultado se consigue.

II. ANALISIS PSICOLOGICO SENCILLO DE LOS OYENTES.

Los detalles sobresalientes en los cuales uno debe fijarse son:

1) La **edad** de los asistentes. Este asunto se simplifica mucho si todos son más o menos de la misma edad. Pero se torna muy complicado cuando varía entre niños que no saben hablar y ancianos de 80 años de edad, como pasa muchas veces en un culto de predicación.

2) Su **instrucción.** Aun en un mismo grupo de personas de más o menos la misma edad acontece

muchas veces que algunos son analfabetos y otros profesionales.

3) El **conocimiento que tienen del evangelio.** Muchas veces hay en el mismo grupo personas que son creyentes de mucha experiencia y otros que por primera vez escuchan el evangelio.

4) La **capacidad de prestar atención** a lo que se les dice. Algunos prestan muy buena atención y captan con facilidad lo que se les dice, pero tenemos que reconocer que la mayoría en cualquier grupo de oyentes, son oyentes que se distraen mucho.

Lo importante, pues, es darse cuenta de las condiciones psicológicas de los oyentes, y hacer lo posible para captar y retener su atención, adaptando lo mejor posible el mensaje a ellos.

Capítulo VI

APLICACION DE LA LOGICA
A LA HOMILETICA

El objeto de la Lógica es enseñarnos a conocer la verdad. Teniendo en cuenta que el predicador, en todos sus esfuerzos ante el público, tiene como fines sobresalientes conseguir que sus oyentes comprendan la verdad y luego la pongan en práctica, la aplicación de la Lógica es de suma importancia.

Abarcándola en todas sus ramificaciones, la Lógica tiene muchos detalles. Pero en este estudio vamos a limitarnos a los que tienen una aplicación especial a la Homilética.

I. DEFINICIONES CLARAS.

No hay discurso en el cual el predicador no necesite definir claramente muchas palabras. Y para algunos el fin que ya hemos mencionado de instruir a los oyentes, es absolutamente necesario definir acertadamente lo que se habla. ¿Cómo aprender a hacer definiciones claras? Sugiero los tres pasos siguientes: dedicar algo de tiempo a las definiciones de un diccionario general; luego hacerse una lista de definiciones del Diccionario Bíblico, y, finalmente, practicar mucho. Tomaremos un ejemplo del Diccionario de la Biblia. Buscaremos la palabra "Trinidad". Dice que "es la doctrina de que Jehová es un solo Dios, que existe eternamente en tres personas, el Padre, el Hijo y el Espíritu Santo, todas iguales en cuanto a su perfecta y suprema Divinidad". Se ve cuán completa y clara es esta definición.

II. DIVISIONES EN ORDEN LOGICO.

Casi siempre las divisiones de una plática son pasos ordenados que llevan a la conclusión lógica de la plática. Y para que el asunto en conjunto sea claramente entendido es necesario que cada división esté en su lugar en el desarrollo. Debe darse mucha atención a este detalle.

Voy a dar un ejemplo para mostrar cuán importante es esto. Supongamos que se desarrolla un sermón sobre un asunto a base de las cuatro preguntas que luego voy a mencionar. El orden lógico es: 1º ¿Qué? 2º ¿Por qué? 3º ¿Cómo? 4º ¿Cuáles serán los resultados? Se ve en seguida qué mal saldría si se pusieran los "resultados", como primera división.

Casi siempre, cuando se hace un análisis de un pasaje, conviene anotar los puntos a medida que se presentan y luego, ordenarlos lógicamente.

III. LA APLICACION DE LA LOGICA EN LOS ARGUMENTOS Y LAS PRUEBAS.

1) Cuidado con las generalizaciones.

Si uno escucha con un poco de cuidado casi cualquier tema espiritual se da cuenta de la importancia que las conclusiones tienen en la misma. Y hay mucho peligro que las conclusiones no se basen en la realidad y verdad sino en prejuicios, en lo que han oído o leído de otros, quienes por otra parte, tampoco han hecho las investigaciones necesarias para descubrir la verdad en cuanto al asunto, o que se basen en un número demasiado limitado de observaciones. Por ejemplo: supongamos que una persona que jamás ha visto rosas viese una docena de estas plantas, todas con flores de color rojo, y luego declarara ante el público, que todas las rosas son de color rojo. Al oírle decir esto, todos sabríamos que ésa es una conclusión equivocada. Y a todos nos puede pasar lo mismo en cuanto a verdades y experiencias espirituales, y a deberes espirituales. *Por lo tanto, debemos estar seguros de nuestras bases antes de afirmar que tal o cual cosa es cierta.*

2) Argumentos basados en causa y efecto.

Algunas veces se concluye que ciertas causas darán determinados efectos o consecuencias. Por ejemplo: es muy común que el predicador diga que si una persona acepta a Cristo como su Salvador y luego lo hace Señor de su vida, puede esperar determinados resultados.

Otras veces el argumento es de efecto a causa. Es decir que sobre la base de que se ven ciertos efectos, se concluye que habrá existido una determinada causa. Por ejemplo: se considera que porque el domingo se celebra entre los cristianos como día de descanso y de dedicación al Señor, es prueba de que Jesús resucitó de entre los muertos ese día.

Son de mucho valor estas dos formas de argumento y prueba, con tal que se hagan las investigaciones necesarias para tener una base firme para sus conclusiones.

3) Testimonio.

El cumplimiento de varias condiciones es necesario para que el testimonio sea digno de confianza y tenga valor. Por eso hay que tomar en cuenta el carácter del testigo o de los testigos. Luego es necesario considerar la naturaleza del asunto o la condición de lo que se da testimonio, y la capacidad del testigo o de los testigos de hablar con autoridad al respecto. Entonces hay que tomar en cuenta todas las condiciones que rodeaban el caso y podrían influir en las impresiones recibidas por los testigos o el testigo.

Capítulo VII

ILUSTRACIONES

I. MOTIVOS PARA USAR ILUSTRACIONES.

1) El *fin principal* de una ilustración es el de arrojar luz sobre determinados detalles o principios que se presentan en el mensaje. Para poder alcanzar este fin la ilustración tiene que ser mejor conocida y más sencilla que la afirmación básica.

2) También las ilustraciones se usan para *llevar al terreno de lo concreto afirmaciones abstractas* y de esta manera hacer más comprensible la presentación del mensaje.

3) Finalmente, las ilustraciones sirven para adornar y hacer más interesante un tema. Todo orador observa cómo aumenta el interés y la atención por parte de los oyentes cuando uno empieza algún relato.

II. FUENTES DE DONDE SE PUEDEN SACAR
LAS ILUSTRACIONES.

1) **Comparaciones.** Jesús usaba mucho esta forma de ilustrar. Leyendo los cuatro evangelios encontramos muchas veces la expresión: "El reino de los cielos es semejante a..." Antes de usar compara-

— 29 —

ciones lo importante es pensar bien en el asunto de antemano y estar seguro de que verdaderamente existe semejanza entre lo que se desea ilustrar y la comparación, y que la comparación es más conocida que lo que se desea ilustrar.

2) **Experiencias propias.** Son de mucho valor como ilustraciones con tal que uno tenga mucho cuidado en cuanto a ciertos detalles. Ha de relatarse como experiencia propia lo que realmente lo sea. En segundo lugar hay que cuidarse para no exagerar la experiencia. Y luego hay que relatarla en forma natural y sin jactancia.

3) **Diarios y revistas.** Son de importancia especial recortes que traten de acontecimientos sobresalientes, condiciones mundiales y experiencias personales sobresalientes. Serán de más utilidad si uno tiene un archivo clasificado en qué guardarlos. Pero conozco un predicador que hace muy buen uso de recortes y usa el sistema de pegarlos en un cuaderno.

4) **Sermones escritos.** Conviene copiar de sermones escritos las ilustraciones que interesan. Hay que buscar alguna forma de guardarlos y, si es posible tenerlas clasificadas. Es fácil hacerlo si uno tiene un archivo clasificado. En tal caso basta escribir las ilustraciones que se encuentran en sermones, en hojas de papel, y guardarlas en el archivo.

5) **Fuentes diversas de informaciones.** Se puede anotar y usar ilustraciones que se oyen en el desarrollo de *sermones* de cualquier clase. También siendo un oyente atento pueden recogerse muchas

ilustraciones de las conversaciones. También se pueden usar las experiencias de otras personas, pero siempre con la cautela de saber que lo que relatan es digno de confianza. Todas las ilustraciones de estas fuentes hay que anotarlas en seguida y archivarlas para no olvidarlas.

6) **Libros de ilustraciones.** Muchos de estos libros se han publicado. Algunos tienen hasta mil ilustraciones. Algunas personas los encuentran muy útiles y otras no. Para que esos libros sean de más utilidad conviene repasarlos todos, leyendo con cuidado cada ilustración y haciendo una lista de las que uno quisiera usar. En el caso de tenerse un archivo podría ponerse debajo de la clasificación correspondiente un papelito con el título de la ilustración y el número de la página del libro en que se encuentra.

III. COMO USARLAS.

1) Hay que usar las que sean necesarias y evitar que el mensaje sea nada más que un conjunto de ilustraciones.

2) Deben relatarse lo más brevemente posible, eliminando los detalles innecesarios.

3) Es necesario relatarlas en forma amena y que impresione.

Capítulo VIII

COMO HABLAR Y LEER BIEN EN PUBLICO

I. ALGUNAS INDICACIONES EN CUANTO A COMO HABLAR BIEN EN PUBLICO.

1) Utilizar de la mejor manera posible el conjunto de músculos que se usan cuando se habla. Son numerosos, empezando con los de los labios, abarcando los de la mandíbula inferior, la lengua y la garganta, incluyendo también los de la caja torácica, el diafragma, y algunos del abdomen. Así se ve que el hablar es un proceso complejo, que tiene por fin vencer la timidez y otros obstáculos para hablar bien en público. Por lo tanto mucha práctica es necesaria para poder hacerlo.

2) Hablar de tal manera que todos los oyentes puedan entender hasta la última palabra que se dice. Para poder lograr esto son necesarias dos condiciones:

a) Se necesita hablar con suficiente fuerza para que todos los que no sean completamente sordos entiendan.

b) Pronunciar claramente cada palabra. Existe el peligro de *hablar con tanta rapidez que se junten las palabras.* Y otro peligro es el de *dejar bajar la voz y a la vez unir las palabras* al terminar las frases.

Si existen estas dos fallas, fácilmente pueden ser corregidas con fuerza de voluntad y algo de práctica.

3) De antemano hay que meditar en lo que se va a decir hasta que los *sentimientos* que corresponden a lo que se dice se apoderen del predicador y, por medio de su voz, de la expresión de su rostro y de su actitud, sean *transmitidos* a sus oyentes.

4) **Tener mucho cuidado de usar palabras que los oyentes comprendan.** Es muy fácil para el orador usar palabras del lenguaje religioso técnico que el auditorio no entienda. Por ejemplo: es mucho mejor decir "Nuevo nacimiento" más bien que "regeneración", o que "Jesús volvió a vivir" más bien que "resucitó".

5) Expresar los pensamientos en *forma sencilla, clara y concreta* usando frases cortas.

6) **Mirar a los oyentes,** y no al suelo, ni al cielorraso, ni por encima de sus cabezas. Debe mirárselos en forma tranquila, y no de manera demasiado concentrada. La mirada tiene mucha fuerza magnética y debe usarse. El no poder mirar a los oyentes se origina en la timidez y la falta de confianza en uno mismo. El predicador tiene que convencerse de que Dios le ha dado un mensaje importante para quienes lo escuchan, y que está con él para fortalecerlo.

7) Una persona *no solamente habla con su boca,* sino también con los movimientos del cuerpo, y *espe-*

cialmente de los brazos y las manos. El problema mayor de casi todo orador es qué hacer con los brazos y las manos. Hay ciertas cosas que deben evitarse, como mantener las manos unidas y bajo tensión, moverlas continuamente (aunque sin duda es mejor moverlas demasiado que ir al otro extremo), tomarse de los costados de la mesa o púlpito y quedarse así.

Algunas personas prefieren tener una Biblia en la mano izquierda mientras hablan, y tan sólo hacer uno que otro ademán con la mano derecha. No resulta mal, especialmente para una dama.

No hay duda que *lo ideal es hacer solamente ademanes que tengan verdadera significación* y concuerden con lo que el orador está diciendo. Deben ser hechos en forma natural, y no artificialmente como lo hace el aficionado en declamación. Los siguientes son algunos ademanes básicos:

a) Expresar la idea de grandeza extendiendo las manos.

b) La idea de ir a alguna parte puede expresarse teniendo la mano derecha en el pecho y luego extendiéndola.

c) Si se desea enfocar la mente sobre algún concepto (como Dios) pueden alzarse las manos.

d) La idea de extensión (como la extensión del evangelio hasta lo último de la tierra) se expresa teniendo las manos unidas en el pecho y luego extendiéndolas al nivel de los hombros.

e) El ofrecer algo se expresa inclinándose hacia los oyentes con las manos hacia arriba y algo extendidas hacia abajo.

f) Al explicar algo se tienen las manos más o menos 30 cm. de distancia, con las palmas algo inclinadas y con los dedos un poco separados. Convendría ejercitar estas posiciones de las manos y de los brazos ante un espejo.

II. ALGUNOS EJERCICIOS PARA MEJORAR LA VOZ.

1) **Relajamiento de la mandíbula inferior.**

Para hablar bien en público es necesario abrir la boca. Y para hacer esto ha de relajarse la mandíbula inferior. Son muchas las personas que siempre tienen la mandíbula inferior en tensión.

El ejercicio para acostumbrarse a relajarla es muy sencillo, pero sí, exige mucha práctica, y por bastante tiempo. *Consiste sencillamente en inspirar profundamente, y con la garganta relajada, decir "a" con la mandíbula inferior caída.*

2) **Desarrollo de la flexibilidad de los labios.**

Son muchas las personas que tienen los dos labios, cualquiera de los dos, o aún una parte de un labio, bajo tensión. Tal persona tropieza con dificultad para hablar bien.

El ejercicio para desarrollar la flexibilidad de los labios *consiste tan sólo en pronunciar la palabra "sopa", extendiendo los labios de una manera algo exagerada al decir "so" y recogiéndolos al decir "pa".*

La mandíbula inferior se encuentra bajo tensión al decir "so" y completamente relajada al pronunciar "pa".

3) Desarrollo de la resonancia nasal.

Es necesario para hablar con tonos vivos y atrayentes.

Son varios los ejercicios. El primero consiste en prcticar con las palabras "cantando", "trayendo", "horrendo", "bando", graduando el tono en la nariz e insistiendo en el sonido "nd". Luego se practica con las letras "m" y "n", usando la palabra "mínimo". Después se hacen muchos ejercicios con los sonidos "sing-song", "hong-hong", recalcando especialmente el sonido "ng".

4) El dominio de la respiración.

El orador necesita saber respirar correctamente y luego controlar la espiración del aire, como hace un buen nadador.

El ejercicio consiste en colocarse en buena posición, con *el abdomen hacia adentro y el pecho hacia afuera.* (Teniendo hasta donde pueda con comodidad las puntas de los hombros hacia atrás, la buena posición se toma automáticamente). Luego se inspira profundamente (de manera controlada). En seguida *se empieza a pronunciar la letra "a" y se sigue pronunciándola hasta quedar poco aire en los pulmones:* Se ha de seguir con el ejercicio para acostumbrarse a retener el aire en los pulmones por un tiempo cada vez más largo.

III. COMO APRENDER A LEER EN FORMA ATRACTIVA.

El fin es hacer que la forma de leer no sea monótona, sino atractiva y hasta una interpretación del pasaje leído.

Los ejercicios para alcanzar este fin son muy sencillos. Consisten en los dos pasos siguientes:

1) **Subrayar las palabras,** que a su juicio, son las claves en el pasaje que se va a leer ante el público.

Ejemplo de cómo subrayar un texto o pasaje.

"Porque de tal manera *amó* Dios **al** *mundo,* que *ha dado* a su Hijo *Unigénito,* para que *todo* aquel que en *El* creyere, no se *pierda,* mas *tenga* vida *eterna".*

2) **Practicar leyendo** el pasaje haciendo **hincapié** en las palabras subrayadas. Conviene exagerar esto en la práctica, para poder aprenderlo bien.

Pero luego ante el público ha de leerse con **más** naturalidad.

3) **Ha de leerse el pasaje varias veces en alta voz** antes de ir al culto, aun en los casos de presentarse un sermón usado antes.

Capítulo IX

PRESENTACION VISUAL DE MENSAJES

En la presentación de mensajes de cualquier clase conviene mucho hacer uso del sentido de la vista, juntamente con el del oído.

Pueden ser usados los métodos visuales especialmente en las reuniones y clases más bien pequeñas y familiares. Pero también convienen de manera especial en aquellas ocasiones cuando los oyentes son en su mayor parte personas que poco o nada saben del evangelio. Por ejemplo, en las reuniones celebradas en las cárceles he usado con muy buenos resultados láminas grandes y carteles con el bosquejo de la plática. También en los anexos nuevos he experimentado que la gente presta mucha más atención y comprenden mucho más el mensaje cuando se combinan las explicaciones con alguna presentación visual.

Algunos métodos visuales que se prestan para nuestro uso, aparte del proyector, que hemos estudiado en otro capítulo.

1) **Pizarrón.** Se puede usar el pizarrón para dibujos y especialmente para el bosquejo de la disertación. Es muy conveniente tener un pizarrón grande

pero si no es posible se puede usar uno que sea pequeño. Por mucho tiempo usé uno de hule negro, de 80x50 cm. Tenía la ventaja de que era fácil de llevar y colocar en cualquier parte.

En el caso de no tener a mano un pizarrón se puede usar un pedazo de papel de envolver de color oscuro. Se sorprenderá de los buenos resultados que le dará.

2) **Carteles.** Lo más conveniente es hacerlos en cartulina blanca con tinta china, usando una pluma Speedbal o gótica, y escribiendo con letras de imprenta. Haciendo tres líneas guías con lápiz para poder hacer de la misma altura las letras, tanto las mayúsculas como las minúsculas, y practicando la escritura de letras de imprenta, pronto pueden hacerse con toda rapidez.

En el caso de no tener a mano cartulina puede usarse hojas de papel blanco de cualquier clase.

Conviene hacer carteles de bosquejos comunes, de los que salen en el tratado "El Sembrador", y la combinación de bosquejos y dibujos como las que salen en "Por el Ojo al Corazón", y luego guardarlos para usarlos una que otra vez.

3) **Láminas.** a) Las *láminas grandes* sirven muy bien para usar con grupos que no sean demasiado grandes. Pueden servir como base para toda exposición y no solamente para ilustrar ciertos detalles. Lo importante es estudiar bien la lámina y saber usarla de manera atractiva y eficaz. b) Para grupos que no sean demasiado grandes se puede usar una colección de *láminas pequeñas* que se relacionen con el mensaje que se desea desarrollar. Por ejemplo, vi

y oí a un predicador desarrollar de manera muy llamativa el tema "Las Madres de la Biblia", basándose en láminas pequeñas pegadas en forma de dos hojas de cartulina. Empezó con una lámina de Eva y terminó con una de María, la madre de Jesús. Pudo usar esta presentación muy bien en el saloncito de una reunión donde había una asistencia de más o menos cincuenta personas.

4) **Franelógrafo**. Para quien tiene iniciativa en preparar los materiales y desarrollar temas en el franelógrafo, este medio ofrece muchas posibilidades. Recuerdo a un predicador que hacía uso excelente de esta forma de presentación. Su material era muy variado y mostraba mucha iniciativa en su preparación. Tenía muchos de los dibujos y recortes comunes que se compran para esta clase de trabajo. Luego tenía una variedad grande de recortes de revistas. Y, finalmente, él mismo dibujaba cualquier figura que no encontraba en su colección y que le hacía falta.

Capítulo X

LA VIDA INTIMA Y EL
MENSAJE EFICAZ

No hay duda en cuanto a la verdad que se encuentra en el dicho de que "Lo que el predicador **es** habla más fuerte y claramente que **lo que dice**". Esta expresión se refiere especialmente a la vida espiritual y las manifestaciones de la misma. Pero también tiene su aplicación a toda la vida íntima y a todas las reacciones de la persona frente a los estímulos que afronta.

Hay siete características que han de predominar en la vida íntima del predicador, que influye tanto en su mensaje como con sus actitudes hacia sus oyentes y su manera de reaccionar ante ellos.

I. VERDADERA ACEPTACION DE CRISTO COMO SALVADOR.

Claro es que esto se da por sentado. Pero, sin embargo, uno debe examinarse, con la ayuda de Dios, para estar seguro de si aceptó a Cristo como su Salvador personal, o si tan sólo aceptó como verdad el hecho de que El es el único Salvador.

2) **Consagración.** Parece posible que una persona acepte a Cristo como Salvador, sin aceptarle como

Rey y Señor de su vida. Claro es que todo creyente debe tomar ambos pasos. Pero es de importancia especial para aquel que se pone a enseñar la religión de Cristo a otros.

Lo ideal es que la consagración a Dios vaya en aumento constantemente, y esto debe ser una realidad para el creyente. Sin embargo, tiene que reconocer que, en cuanto a la consagración, se mantiene el terreno ganado a costa de vigilancia y esfuerzos constantes, contando siempre con la ayuda de Dios.

3) **Buena Voluntad.** El predicador necesita sentirse amigable con todo el mundo, y ha de expresarlo por sus actitudes hacia los demás. Es muy posible que una persona sienta aun enemistad hacia sus oyentes por los defectos que ellos tienen. El predicador tiene que luchar también contra la tendencia de sentirse superior y algo alejado de los demás.

4) **Consideración.** Ha de desarrollar un sentimiento o actitud de delicadeza y cortesía para con los demás en todo momento, pero especialmente cuando uno tiene la palabra y habla a un grupo en cuanto a las cosas espirituales. Por medio de palabras o modales bruscos y crudos uno puede neutralizar todas las verdades elevadas que pronuncia con la boca.

5) **Compasión.** Leemos que una de las características sobresalientes en Jesús era que "tenía compasión de la gente". No nos extraña que lo oyeran alegremente. Hasta donde nos sea posible debemos procurar comprender a cada oyente; sus puntos débiles y fuertes, sus pruebas, sus tentaciones, sus

sufrimientos, sus limitaciones, sus anhelos, sus capacidades. Y como consecuencia de esta comprensión debemos tratarle con bondad, con amor, con suavidad, mostrando de esta manera el espíritu de Cristo mismo.

6) **Sabiduría.** En la Biblia esta palabra significa "saber cómo obrar acertadamente bajo todas las circunstancias y en toda situación que nos enfrente". El predicador que habla a un grupo de personas tiene que saber hablar con sabiduría. Pero también tiene que saber actuar con sabiduría frente a cualquier situación inesperada que se le presente mientras esté hablando. Por ejemplo, dando rienda suelta a la nerviosidad, cuando una persona nueva que ignora nuestras costumbres, dice algo en alta voz, puede muy fácilmente ofenderla de tal manera que no asista más.

7) **Dominio de sí mismo.** Necesita esto para vencer el temor que es más o menos natural al presentarse para hablar en público. Luego se necesita para dominar cualquier falla especial que uno tenga, como, por ejemplo, el tartamudear. Además se precisa para dominar la voz y hablar de tal manera que todos comprendan cada palabra, y que las palabras expresen sus sentimientos. Y de tal manera especial se necesita frente a situaciones desconcertantes que inesperadamente se le presenten.

Capítulo XI

ALGUNAS SUGESTIONES PRACTICAS EN CUANTO A LA DIRECCION DE REUNIONES

El que trabaja en la obra de Cristo tiene que dirigir muchas clases de reuniones. Algunas de ellas son la Escuela Dominical, Unión de Preparación, Sociedad de Señoras, Auxiliares, cultos de oración, de estudio bíblico, cultos en anexos, reuniones al aire libre, cultos en cárceles u hospitales, y finalmente las reuniones de costumbre en el templo de la iglesia.

Hay diversidad de condiciones en las diferentes clases de reuniones. Por eso es natural que no sea posible hacer sugestiones que se apliquen a todos los casos, y a éstos en gran parte me limitaré.

I. ALGUNAS SUGESTIONES.

1) **De antemano hay que preparar bien el programa.** Aparte de los elementos que integran todo programa, he observado algunos que, a mi juicio, merecen un cuidado especial para que la reunión se desarrolle de manera ordenada. Un *detalle es que se debe determinar de antemano los himnos que se van a usar.* Causa mucha confusión si en el momento de

querer cantar un himno, pide a los oyentes cuál quieren cantar. Y luego esto hace imposible coordinar los himnos con el pensamiento principal del tema, lección o programa.

Otro detalle de importancia es *enseñar a los que acostumbran a orar en público que lo hagan de manera tan fuerte y con expresión tan clara que todos puedan oírlos.* Para mayor orden conviene decirles de antemano que se les va a pedir que oren, y hasta conviene hacerlos pasar al frente y dar la cara al auditorio al orar. Otro detalle es repartir de antemano los papelitos indicando cuál texto leerán determinadas personas, en el caso de pedir la participación del auditorio en una lectura bíblica.

2) Es de suma importancia introducir variaciones en el programa de la reunión, sea cual sea la naturaleza de la misma. Por ejemplo: algunas veces todos pueden repetir un texto llamando a la adoración. Otras veces se puede empezar con la lectura de un salmo o de una poesía devocional. Luego la lectura bíblica puede ser variada, leyéndola al unísono algunas veces. Otras veces puede pedir a alguna persona que lea correctamente que tome a su cargo la lectura. En tal caso quien lea debe pasar adelante.

3) Se debe **prestar especial atención a la música.** Aunque no sepa mucho del asunto el que dirige debe ingeniar maneras de dirigir eficazmente la música. A menos que sea en las reuniones muy formales conviene cantar algunos himnos o coros nuevos. Préstese mucha atención a la mejor manera de enseñarlos, haciendo leer y repetir las palabras de

antemano a todos, tocando la tonada varias veces
para que todos se acostumbren a la misma y haciendo
cantar en primer término a los que saben el himno
o coro. Esto no resulta difícil.

4) Ha de esforzarse para **formar un ambiente de
reverencia.** El que dirige tiene que planear cómo
hacer esto de antemanc. Ayuda mucho en este sentido que los hermanos se sienten tranquilamente y
oren o lean sus Biblias o himnarios. Luego música
suave tocada por algunos minutos antes de empezar
el desarrollo del programa ayuda mucho. Posiblemente convendría tocar también música suave al
terminar.

5) **Todos los elementos de la reunión deben ser
bien adaptados a la naturaleza del auditorio.** En
anexos nuevos conviene cantar coros más bien que
himnos largos. Conviene enseñar de memoria textos
cortos que tienen en sí el mensaje del evangelio. El
mensaje o lección debe ser bien adaptado a la capacidad, la comprensión y los intereses de los oyentes.
Este último elemento es probablemente el de más
importancia para que la reunión sea ordenada, reve-
rente y de eficacia espiritual.

SEGUNDA PARTE

VEINTITRES MANERAS DE PREPARAR UN MENSAJE

I

PLATICAS BASADAS EN CUATRO PREGUNTAS

Las cuatro preguntas que constituyen la base de esta forma de plática son: ¿Qué? ¿Por qué? ¿Cómo? ¿Qué resultados se esperan?

Es una forma muy *práctica, sencilla y lógica* que se presta para el desarrollo de un gran número de temas. Casi cualquier tema que abarque lo que la Biblia entera enseña sobre un asunto puede ser desarrollado usando estas cuatro preguntas como base. Algunos ejemplos de estos temas son: "La Salvación", "El Nuevo Nacimiento", "La Fe", "La Justificación", "El Gozo Cristiano", "La Constancia", "La Paz Cristiana", "El Crecimiento Cristiano", etc. He aquí un bosquejo sobre el tema: **"Poder Espiritual"**.

I. **¿Qué es Poder Espiritual?**

1. Negativamente:

a) No es magnetismo personal.

b) Ni elocuencia.

c) Ni conocimiento.

2. Positivamente:

Es aquel poder en nosotros que resulta de haber recibido de Dios su Espíritu.

II. ¿Por qué es necesario que tengamos este poder espiritual?

1. Porque con él evitamos los muchos fracasos espirituales que se ven en los creyentes:

a) Falta de victoria sobre el pecado.

b) Falta de testimonio eficaz por Cristo.

c) Falta de influencia positiva en favor de la causa de Cristo.

2. Porque sin este poder nada podemos hacer que espiritualmente valga la pena:

a) En nuestras experiencias como creyentes.

b) En nuestras actividades como cristianos.

III. ¿Cómo se puede conseguir poder espiritual?

1. Desearlo verdaderamente.

2. Mantenernos libres del pecado por el arrepentimiento.

3. Entronizar a Cristo en la vida.

4. Obedecer las indicaciones del Espíritu.

IV. **¿Cuáles serán los resultados de tener poder espiritual?**

1. Victoria sobre el pecado.

2. Coraje para testificar de Cristo.

3. Trabajo eficaz.

4. Vida cristiana que se desarrolla.

5. Recompensa por servicio fiel al final.

La presentación de una plática a base de las cuatro preguntas además de ser ventajosa para los de poca experiencia también tiene la virtud de apelar de manera muy eficaz a las tres facultades mentales que han de ser movidas para ver los resultados deseados. Una contestación bien hecha a la primera pregunta toma en cuenta y satisface la inteligencia. Luego al contestar la pregunta ¿Por qué? se apela en parte a la inteligencia y en parte a las emociones, convenciendo a los oyentes que es necesario poner en práctica lo que ha sido recomendado al contestar la primera pregunta. Después, al contestar la tercera pregunta —¿Cómo?—, se toma en cuenta la inteligencia y también la voluntad. Finalmente al mostrar los resultados si se pone en práctica lo recomendado se hace uso de las tres facultades mentales mencionadas, pero se apela especialmente a la voluntad para que se lleve a cabo el asunto.

II

PLATICAS BASADAS EN TEXTOS QUE TIENEN DIVISIONES NATURALES

Bosquejos en los cuales cada palabra constituye una división.

Tenemos un buen ejemplo de esta clase de texto en Romanos 5:8.

Tema: **Cristo murió por nosotros:**

I. **"Cristo".**

1. Era un hombre bueno en todo sentido.
2. A la vez era Dios.

II. **"Murió".**

1. Como mártir.
2. Como un sacrificio voluntario.

III. **"Por".**
En nuestro lugar.

IV. **"Nosotros".**

1. Por la raza entera.
2. Particularmente por mí.

Bosquejos a base de varias palabras o de frases.

Consisten en usar uno o varios versículos que tienen pensamientos relacionados u formar el tema de estos pensamientos.

En 1º Tes. 1:9-10 encontramos dos versículos que se prestan muy bien para hacer esta clase de bosquejo.

Tema: **Pasado, presente y futuro del creyente.**

   I. En el pasado: *"Os convertisteis"*.

     1. Negativamente: "De los ídolos".
     2. Positivamente: "A Dios".

   II. En el presente: *"Para servir"*.

     1. Motivo social: "Al Dios vivo".
     2. Motivo moral: "Al verdadero".

   III. En el futuro: *"Y esperar"*.

     1. El que se espera: "Su Hijo".
     2. De dónde: "De los cielos".

Juan 1:29 es un excelente ejemplo de un solo versículo que tiene en sí divisiones naturales.

Tema: **El Cordero de Dios.**

   I. *"He aquí"*: Atención llamada hacia Jesús.

II. *"El Cordero"*: Sacrificio propiciatorio.

III. *"De Dios"*: Quién ofreció el sacrificio.

IV. *"Que quita el pecado"*: Virtud del sacrificio.

V. *"Del mundo"*: Para quién fue ofrecido el sacrificio.

III

PLATICAS BASADAS EN UNA SOLA PALABRA

En los tiempos bíblicos se daba mucha más importancia a la significación de las palabras que en la actualidad. Por ejemplo, son raros los casos en la actualidad cuando una persona sabe la significación de su nombre. Pero en los tiempos bíblicos los nombres tenían tanta significación que representaban las características (o posiblemente una sola característica) del individuo. Ahora, por la importancia que en aquellos tiempos daban a las palabras encontramos muchas sueltas en la Biblia que en sí abarcan todo un mensaje. Se debe estudiar mucho el Diccionario Bíblico para estar al corriente de la significación de las palabras de la Biblia, y luego estar en condición de usarlas como base de mensajes.

En el libro "Sermones de Diez Eminentes Predicadores" encontramos un sermón por el gran evangelista de otros tiempos, el Dr. W. A. Sunday, que es un buen ejemplo de esta clase de exposiciones.

Tema: **Maravilloso.**

Texto: Isaías 9:6: "Y se llamará su nombre Maravilloso" (Admirable según la versión de Valera).

En la introducción dice que en la Biblia existen 256 nombres que se dieron al Señor Jesucristo, y sin embargo El era infinitamente superior a todo lo que se podía expresar con todos estos nombres.

Luego define la palabra "maravilloso" explicando que es lo que está muchísimo más allá de lo ordinario, y hace la transición preguntando si Jesús correspondía verdaderamente a ese nombre. Muestra que así era en las 11 divisiones del sermón (y muy bien podría haber añadido algunas divisiones más).

Fue Maravilloso.

I. Su *nacimiento*, porque jamás ocurrió otro como el suyo.

II. Su *carácter*, pues nadie se le ha aproximado jamás en perfección.

III. Su *vida*, por su abnegación, su pureza y utilidad.

IV. Su *enseñanza*, por su modo de inculcarla, su sencillez, su claridad y su adaptación al individuo.

V. Su *originalidad*, y doctrinas.

VI. Las *profecías* acerca de sí mismo.

VII. Su *condenación* a muerte.

VIII. La *gran publicidad de su muerte.*

IX. Su *resurrección,* y apariciones.

X. Por la *salvación que ha venido obrando* en los individuos *a través de los siglos.*

XI. Por que *me salvó a mí.*

IV

TEXTOS DE LOS CUALES SE NECESITAN DEDUCIR LAS VERDADES

La mayoría de los textos cortos de la Biblia contienen en sí verdades y enseñanzas que salen a la luz solamente a base de un estudio cuidadoso y profundo. Sin embargo, pueden ser entendidos y sus verdades pueden ser sacadas a la luz, aun por el creyente de poca preparación, si persiste en hacer el esfuerzo necesario para entenderlos, bajo la dirección de Dios.

Los pasos en la preparación de temas a base de tales textos son los siguientes:

1. Hacer un estudio cuidadoso del texto en sí, sin ninguna ayuda, y llegar a comprenderlo lo mejor posible.

2. Luego echar mano de los comentarios u otra ayuda cualquiera que se tuviese a mano.

3. Entonces hacer un bosquejo.

Ejemplos de textos de esta clase. En este sentido son sobresalientes los textos que hacen afirmaciones en cuanto a Dios, como "Dios es amor", "Dios es luz", "Dios es fuerte y valiente", "La comunión íntima de Jehová es con los que le temen", etc. Luego, tenemos otros textos, como las bienaventuranzas, que encierran en sí principios básicos. Luego, tenemos muchas de las afirmaciones categóricas de Cristo en cuanto a sí mismo, como, por ejemplo, Mateo 5:17: "No penséis que he venido para abrogar la ley o los profetas: no he venido para abrogar, sino para cumplir." En las cartas de Pablo encontramos muchos textos de esta naturaleza, como Fil. 4:13: "Todo lo puedo en Cristo que me fortalece."

V

PLATICAS BASADAS EN EL ESTUDIO DE CAPÍTULOS

Son muchos los capítulos de la Biblia que se prestan para ser usados como base de mensajes. Probablemente el mejor libro sobre sermones que abarcan capítulos enteros sea "Los Grandes Capítulos de la Biblia", por E. Campbell Morgan. Todos deben estudiarlo, para aprender cómo interpretar capítulos de la Biblia.

Algunas veces, como se ve en el libro del Dr. Morgan, la división en capítulos no concuerda con las secciones que abarca, más o menos, un asunto determinado. En tal caso conviene más fijarse en la sección lógica que en el capítulo.

I. **Pasos en el desarrollo de esta clase de pláticas.**

1. *Escoger un pasaje que se pueda explicar.* Hay pasajes largos que son muy difíciles para el principiante. A lo menos debe estudiarlo suficientemente para desarrollarlo.

2. Sin comentarios, estudiarlo por sí, y llegar a comprender todo lo posible sus enseñanzas. Lo mejor es leerlo muchas veces. Luego debe hacerse un bosquejo provisional de los pensamientos sobresalientes en la porción, que tenga orden más o menos lógico.

3. Entonces estudiar el pasaje en comentarios y hacer en su bosquejo cualquier cambio que le parezca necesario.

4. En el caso de que las divisiones resultaran más ordenadas no poniéndolas precisamente como vienen en el pasaje, debe considerarse cuál sea la mejor manera de ordenarlas.

II. **Ejemplo de una plática que tiene como base un capítulo:**

Tema: **Dios Glorificado en Nosotros.**
Pasaje: Romanos 12.

1. Consagrarnos a Dios.

   a) La mente.
   b) El cuerpo.

2. No conformarnos con lo que sea contrario a la voluntad de Dios.

3. Debemos pensar de nosotros mismos sin orgullo ni humildad excesivos.

4. Hemos de cumplir nuestra misión como miembros del cuerpo de Cristo, desarrollando y usando los dones que nos da. (4-8).

5. Debemos amarnos los unos a los otros con sinceridad. (9-10).

6. Hemos de ser diligentes en la obra del Señor. (11).

7. Necesitamos aguantar todos los contratiempos. (12).

8. Hemos de ser constantes en la oración. (12).

9. Debemos tener buena voluntad para con las demás personas. (13-18).

10. Necesitamos vencer el mal con el bien. (19-21).

VI

ESTUDIOS BIBLICOS

Consisten en escoger **una idea central** y luego, a través de la Biblia, hacer un estudio de los pasajes que se relacionen con tal idea central. Para poder hacer esto generalmente debe usarse una Concordancia.

El segundo paso es escoger y determinar los pensamientos que van a usarse como divisiones del tema.

Entonces hay que escoger cuáles de los muchos textos relacionados con el asunto se van a usar en el desarrollo de la exposición. Generalmente uno o dos textos, de los más sobresalientes y claros, se usan en el desarrollo de cada división.

Para desarrollar de manera continua el mensaje, y no tener que pararse para buscar los pasajes en la Biblia, conviene copiar esos pasajes en el bosquejo, o a los menos anotar en papelitos el lugar dónde se encuentra el pasaje, poniéndolos luego en el lugar correspondiente en la Biblia, para de esta manera encontrar el pasaje rápidamente.

Esta forma de exposición tiene mucho valor porque presenta la enseñanza global de la Biblia en cuanto a un asunto; es fácil de desarrollar.

Ejemplo:

Tema: **Algunas profecías en cuanto a Cristo**.

  I. **Sería de la Simiente de la Mujer.** "Y pondré enemistad entre ti y la mujer, y entre tu simiente y la simiente suya; ésta te herirá en la cabeza." Génesis 3:15.

  II. **Sería Descendiente de Abraham.** "En tu simiente serán benditas todas las naciones de la tierra." Génesis 22:18.

  III. **Sería Descendiente de David.** "Yo levantaré después de ti a uno de tu linaje y yo afirmaré para siempre el trono de su reino." 2 Samuel 7:12-13.

  IV. **Nacería en Belén.** "De ti me saldrá el que será Señor en Israel." Miqueas 5:2.

  V. **Sus Manos y Sus Pies Serían Traspasados por**

Clavos. "Horadaron mis manos y mis pies." Salmo 22:16.

VI. **No quedaría en la Tumba.** "No dejarás mi alma en el Seol." Salmo 16:10.

VII

ENSEÑANZA DE UN LIBRO ENTERO SOBRE UN ASUNTO DETERMINADO

Consiste en estudiar todo un libro de la Biblia y anotar todo lo que se dice sobre un asunto determinado de antemano. Generalmente conviene presentar los datos en el orden en que se presentan en el libro, aunque algunas veces conviene organizarlos en una forma diferente para que la presentación sea más lógica. Algunos ejemplos son lo que el libro dice en cuanto a Dios, a Jesucristo, al Espíritu Santo y a la doctrina sobresaliente del libro, como "El Gozo en Filipenses".

Generalmente convienen más los libros cortos para esta clase de estudio, aunque se puede usar muy bien para estudiar algunos de los siguientes asuntos en los Evangelios: Las profecías que en ellos se mencionan, las parábolas, los milagros, etc.

Como ejemplo de esta forma de mensaje voy a presentarles "lo que la Carta a los Gálatas dice en cuanto a Cristo".

I. Había llamado a Pablo al apostolado. (1:1).

II. Es el dador de gracia y paz. (1:3).

III. Se dio a Sí mismo para librarnos de nuestros pecados. (1:4).

IV. Dio una revelación directa a Pablo. (1:12).

V. Fue revelado a Pablo por Dios el Padre. (1:16).

VI. El creyente tiene libertad en Cristo. (2:4).

VII. El creyente es justificado con Cristo y vive con El. (2:20).

VIII. Cristo redime al creyente de la maldición de la ley. (3:13).

IX. Los creyentes en Cristo son los verdaderos Hijos de Abraham. (3:14).

X. Los creyentes son Hijos de Dios por fe en Jesucristo. (3:26).

XI. Los creyentes son uno en Cristo. (3:28).

XII. El creyente ha de cumplir la ley de Cristo sobrellevando las cargas los unos de los otros. (6:2).

XIII. El creyente ha de gloriarse en la cruz de Cristo solamente. (6:14).

VIII

PLATICAS BASADAS EN ACONTECIMIENTOS SOBRESALIENTES

La narración de acontecimientos sobresalientes es uno de los elementos que más se nota en la Biblia.

Difícilmente en otro libro se encontrarán relatos que superen las siguientes historias: El diluvio, Abraham llevando a Isaac para sacrificarlo, el sueño de Jacob, la división de las aguas del mar Rojo, la caída de Jericó, la victoria de David sobre Goliat, la fiesta de Belsasar, Daniel en el foso de los leones, Jonás en el vientre del gran pez, etc.

Indicaciones en cuanto a su preparación:

1. Ha de leerse la narración una y otra vez hasta que los detalles grandes y pequeños sean bien dominados y comprendidos.

2. Debe escogerse el título para el desarrollo que desea hacerse del relato y, luego, formar un bosquejo que desarrolle el pensamiento del título. Por ejemplo, el título o tema de la historia de la fiesta de Belsasar podría ser: "Pesado, Condenado y Destruido".

3. Debe desarrollarse la narración de tal manera que vaya hacia arriba hasta llegar a la culminación del movimiento de la misma.

4. A medida que se desarrolle el relato deben hacerse las aplicaciones apropiadas, pero siempre teniendo cuidado de conservar el hilo del desarrollo del relato. En algunos casos convendría dejar las aplicaciones hasta el final, y hacerlas en forma de conclusión bien hecha.

Un ejemplo:

Tema: **El remedio para un mal incurable.**
Texto: 2 Reyes 5:1-14.

I. **El Remedio Necesitado.** v. 1.

1. Naamán ocupaba un puesto elevado.
2. Pero era leproso. Lepra es antitipo de pecado.

II. **El Remedio Conocido.** vv. 2-4.

1. Una muchacha israelita tuvo conocimiento del poder que Dios había dado a Eliseo. En este sentido él fue el antitipo de Cristo.
2. Reveló a Naamán lo que sabía al respecto. En este sentido es un buen ejemplo para todo creyente.

III. **El Remedio Buscado.** vv. 5-10.

1. Primeramente pidió la curación del rey de Israel, quien no le pudo curar. De la misma manera muchos buscan la salvación fuera de Cristo pero no la encuentran.
2. Finalmente encontró al profeta Eliseo y le pidió que lo curara.

IV. **El Remedio Rechazado.** vv. 11-12.

1. No le agradaban las condiciones indicadas. Muchos no reciben la salvación por no estar dispuestos a "negarse a sí mismos, tomar su cruz y seguirle".
2. Su siervo fiel le hizo indicaciones sabias al respecto.

V. **El Remedio Aceptado y Aplicado.** vv. 13-14.

    1. Cumplió las condiciones indicadas por el profeta.

    2. Fue sanado.

    3. Seguía mostrando su lealtad al Dios que le había sanado por medio de Eliseo.

IX

ESTUDIOS BIOGRAFICOS

Pasos en la preparación de esta clase de programa.

1) Leer cuidadosamente una y otra vez la historia bíblica de la persona cuya vida va a estudiarse. No debe limitarse a la historia corrida sino también han de estudiarse otras referencias en cuanto al personaje en otras partes de la Biblia. Por ejemplo, al hacer estudios biográficos de Abel, de Enoc, de Noé, de Abraham y de Moisés es de suma importancia estudiar los detalles que se encuentran en Hebreos 11, además de los que se encuentran en Génesis y Exodo. También al estudiar la historia de Enoc, es de suma importancia hacer un análisis cuidadoso de lo que se dice de él en Judas vv. 14-15.

2) Luego, es una ayuda grande leer lo que algún libro de estudio dice en cuanto al personaje. Probablemente se encontrarán en el mismo algunas sugestiones buenas en cuanto al bosquejo de la plática.

También debe estudiarse cuidadosamente cualquier otro escrito que se tenga al respecto.

Diferentes maneras de desarrollar biografías.

Las biografías pueden ser desarrolladas desde muchos puntos de vista. Todas las formas son interesantes. Dependen en gran parte del propósito que se tiene en vista y la naturaleza de los oyentes.

Ilustraré algunas de las formas más usadas.

I. **Cronológica**.

Tema: **La Vida de Pablo.**

1. Su niñez y juventud temprana en Tarso.
2. Sus años de estudio en Jerusalén.
3. Sus actividades como perseguidor.
4. Su conversión.
5. Años entre su conversión y llegada a Antioquía de Siria.
6. Sus viajes misioneros.
7. Sus últimos años en Roma.
8. Su muerte.

II. **Funcional.** (Punto de vista de actividades).

Tema: **Estudio funcional de la Vida de Pablo.**

1. El estudiante.
2. El perseguidor.

3. El predicador.

4. El misionero itinerante.

5. El organizador y director de iglesias.

6. El maestro.

7. El escritor.

8. El teólogo.

9. El estadista misionero.

III. Análisis de Carácter.

Tema: Características de Daniel.

1. Cortés. 1:8-12

2. Atractivo. 1:4-9

3. Controlado. 1:8

4. Conceptos elevados.

5. Estudioso. 1:17-19

6. Valiente. 2:13-16; 6:7-11

7. Humilde. 2:30; 9:7-20

8. Fiel. 6:4

9. Devoto. 2:18; 6:10; 9:4

IV. Lecciones Prácticas.

Tema: Lecciones de la Vida de Juan el Bautista.

1. Sacrificial. Mateo 3:4

2. Activo. Marcos 1:4

3. Tenía mucha fe. Mateo 3:11

4. Humilde. Mateo 3:14

5. Obediente. Marcos 1:2, 3

6. Consagrado. Juan 1:23

7. Fiel a su tarea. Marcos 6:18

8. Justo y santo. Marcos 6:20

V. **A Base de Comparaciones**.

Tema: **Algunos Niños de la Biblia.**

1. Un niño alegre: Isaac. Génesis 21:5

2. Un niño ambicioso: José. Génesis 37:5-8

3. Un niño devoto: Samuel. 1 Samuel 2:18

4. Un niño patriota: David. 1 Samuel 17:40

5. Un niño heroico: Daniel. Daniel 1:8

X

PLATICAS BASADAS EN CONTRASTES

Muchos son los textos o pasajes que contienen dos ideas opuestas. Pueden ser usados como uno de los

Biblia encontramos pasajes que encierran en sí contrastes. Sería interesante y de utilidad hacer una lista de tales pasajes y textos.

Indicaciones en cuanto a cómo desarrollar pláticas a base de ellos:

1. Se necesita estudiar cada lado del contraste hasta llegar a comprenderlos bien. Por ejemplo, los contrastes en el libro de Proverbios son casi siempre muy breves, y en muchos casos bastante filosóficos. Así, algunos de ellos son bastante fáciles de entender y otros no. Pero en todos los casos exigen bastante estudio para deducir de ellos las verdades que encierran y sus aplicaciones prácticas. Proverbios 11:5 es ejemplo de un contraste que fácilmente se entiende ("La justicia del perfecto enderezará su camino; mas el impío por su impiedad caerá"). En cambio 11:14 es más bien difícil de entender ("Donde no hay dirección sabia, caerá el pueblo; mas en la multitud de consejeros hay seguridad").

Así, pues, un contraste, como el que encontramos en el Salmo 1 entre el hombre bueno y el hombre malo nos da suficientes detalles para formar el bosquejo sin mayor dificultad, aunque es siempre necesario estudiar la significación de cada detalle.

2. Se pueden hacer los contrastes a base de dos columnas, o hacer dos divisiones del bosquejo y estudiar cada elemento por separado. Probablemente en la mayoría de los casos da mejor resultado usar el sistema de las dos columnas.

XI

DIVERSOS ESTUDIOS BIBLICOS BASADOS EN EL USO DE LA BIBLIA Y UN LIBRO DE ESTUDIO

Abarca una multitud de asuntos tales como la geografía (lugares, ríos, lagos, montañas), el clima, las cosechas, los árboles, las curaciones, los remedios, costumbres sociales, la guerra y las armas, minerales, forma de castigo, la magia, los animales, insectos, pájaros, fiestas religiosas, sectas religiosas, edificios, pueblos vecinos, y una infinidad de otros asuntos.

Es de suma importancia comprenderlos porque forman como una base para el relato bíblico. Por ejemplo, las parábolas de Jesús se basan en las costumbres de los tiempos en que vivía; lo que dijo en cuanto a la oveja, las diez vírgenes que habían ido a las bodas, el sembrador y lo que le pasó a la semilla que sembró, el negociante de perlas, los niños jugando en la plaza, el rico necio que guardó su cosecha, lecciones deducidas de la higuera, etc.

Los pasos en la preparación y el uso de esta forma de mensajes:

1. En un cuaderno o carpeta hacer una lista de los asuntos que desean estudiarse.

2. Leerse cuidadosamente lo que el Diccionario Bíblico dice al respecto.

3. Estudiarse cuidadosamente las citas bíblicas que se dan. También el uso de la Concordancia generalmente proveerá algunas citas más.

4. A medida que se tenga tiempo váyanse preparando bosquejos sobre los diversos asuntos.

5. Usense estos estudios en reuniones donde serán apropiados. He experimentado que despiertan mucho interés en las reuniones matutinas, en las de Señoras y especialmente en las de Jóvenes. Proveen asimismo excelente material para usar en clases especiales.

XII

PLATICAS BASADA EN MILAGROS

En gran parte los milagros del Antiguo Testamento están relacionados con Moisés, Elías, Eliseo. Tomándolos en general son muy interesantes y constituyen bases muy buenas para estudios.

En el Nuevo Testamento los relatos de los milagros se encuentran en los cuatro Evangelios y los Hechos de los Apóstoles.

Indicaciones en cuanto a cómo prepararlas.

En los Evangelios los mismos milagros, en muchos casos, se encuentran en dos o más de los escritos, y en tales casos se debe estudiar el milagro en todo lugar donde se encuentra para poder tomar en cuenta todos los datos al respecto.

1. Ha de leerse el relato del milagro cuidadosamente y fijarse bien en todos los detalles de la narración.

2. Debe formarse el bosquejo a base de los pasos naturales del relato.

3. Puede hacerse la aplicación al terminar o al desarrollar cada paso.

Un ejemplo:

Tema: **La curación del hombre que tenía espíritu inmundo.**

Texto: **Marcos 5:1-20.**

    I. La triste condición del hombre, representa la de toda persona perdida.

      1. Tenía un espíritu inmundo.
      2. Moraba en los sepulcros.
      3. Era violento.
      4. Se lastimaba con las piedras.

    II. Jesús le tenía lástima, como la que siente por todo perdido.

   III. Jesús mandó al espíritu inmundo salir del hombre y le obedeció.

   IV. Jesús permitió a los espíritus inmundos entrar en los cerdos.

    V. Debido a la pérdida de los cerdos los pobladores pidieron a Jesús que se retirara de aquella región. Así pasa con muchos cuyos negocios sufren por causa de la influencia y obra de Cristo.

    VI. El hombre sanado quiso acompañar a Jesús.

   VII. Jesús le mandó volver a su casa y contar lo que le había pasado, y lo hizo. Todo creyente en Jesús debe testificar donde El le manda.

  VIII. Muchos creyeron en Jesús por su testimonio. Todo aquel que testifica fielmente por Jesús verá igual resultado.

XIII

PLATICAS BASADAS EN PARABOLAS

Los pasos para hacerlas.

1. Leer la parábola varias veces con mucho cuidado.

2. Fijarse bien en todos los detalles de la narración.

3. Procurar llegar a saber cuál es la enseñanza principal de la parábola y a comprenderla bien. No es tan fácil hacer esto, y, sin embargo, sin hacerlo es imposible interpretar acertadamente una parábola. Es probable que sea necesario consultar un comentario o algún libro sobre las parábolas para cumplir esta condición.

4. Luego hay que fijarse en las enseñanzas secundarias y llegar a comprenderlas bien.

5. Ha de esforzarse mucho para tener una imagen mental clara de todo lo concerniente a la parábola.

6. Debe hacerse el bosquejo a base de los pasos en el desarrollo de la narración. Muchas de ellas se dividen en escenas y en tal caso las divisiones deben ser a base de ellas.

7. En cuanto a la aplicación es conveniente hacerla a medida que el desarrollo progrese y luego terminar con una aplicación general.

Ejemplo:

Tema: **La perla de gran precio.**

I. El hombre buscaba perlas buenas. Son muchos aquellos que buscan la mejor religión.

II. Tuvo la buena fortuna de encontrar una perla muy perfecta, hermosa y preciosa. El que busca la salvación tarde o temprano la hallará.

III. Vendió todo lo que tenía con el fin de comprar aquella perla. Cristo dice que para encontrar la salvación en El es necesario negarse a sí mismo, y seguirle, buscando primeramente el reino de Dios.

IV. El hombre compró aquella perla preciosa. La persona que confía en Cristo es dichosa y encuentra en El la salvación de su alma.

XIV

PLATICAS BASADAS SOBRE UN LIBRO BIBLICO ENTERO

Resulta de gran provecho para el predicador y los oyentes si de cuando en cuando se les presentan a grandes rasgos, las enseñanzas sobresalientes de un libro entero de la Biblia, o también el desarrollo general del mismo. Y si uno se propone hacerlo no es tan difícil como a primera vista parece.

Pasos para preparar esta clase de pláticas.

1. Estudiar cuidadosamente lo que el Diccionario Bíblico dice en cuanto al libro. Se debe prestar especial atención al bosquejo del libro, para que tenga base para hacer el suyo.

También recomiendo el libro "A Través de la Biblia Libro por Libro", por Meyer Pearlam. Presenta un bosquejo abreviado y luego una discusión corta y sencilla de cada división del bosquejo.

2. Luego, como segundo paso, debe leerse con todo el cuidado que se pueda, el libro que se piensa estudiar.

3. Después hágase el bosquejo, de acuerdo a lo que ha podido comprender del libro. Probablemente al principio tendrá que usarse en gran parte, el bos-

quejo que se encuentra en uno de los libros recomendados.

Dos ejemplos:
Libro de Eclesiastés.

Tema: **El significado de la vida.**

    I. La primera impresión del autor es que la vida es una rueda de experiencias de poco valor. 1:1-18.

    II. Resultado de una investigación **más** profunda. 2:1-26.
Hay tres cosas que no satisfacen al ser humano:

      1. Las diversiones.

      2. La instrucción.

      3. Las riquezas.

    III. Tres preguntas sobresalientes que se le presentan. 3:1 a 6:12.

      1. ¿Por qué se repiten las experiencias?

      2. ¿Por qué hay en la vida tantas luchas y miseria?

      3. ¿Por qué predomina tanto lo material en la vida humana?

    IV. Algunas observaciones importantes. 7:1 a 11:10.

      1. El dominio de sí mismo es deseable.

2. La verdadera sabiduría toma en cuenta a
Dios.

3. La humanidad es siempre débil.

4. La vida ofrece muchas oportunidades elevadas.

V. Tres conclusiones inevitables. 12:1-14.

1. Todos deben buscar a Dios en su juventud.

2. Se necesita tener sueños elevados en cuanto
a la vejez.

3. Es preciso temer a Dios y guardar los man-
damientos.

Carta a los hebreos.

Tema: **Las mejores cosas.**

I. La mejor religión tiene el mejor fundador.
(1-4).

II. La mejor religión tiene el mejor mediador.
(5-7).

III. La mejor religión provee un sacrificio adecua-
do. (8-9).

IV. La mejor religión se basa en la adoración verdadera. (10).

V. La mejor religión exalta la verdadera fe. (11).

VI. La mejor religión produce los mejores resultados.

1. Perseverancia. 12:1-13

2. Diligencia. 12:14-17

3. Reverencia. 12:18-29

4. Consagración. 13:1-7

5. Fidelidad. 13:8-14

6. Espíritu servicial. 13:15-21

XV

PLATICAS BASADAS EN ANTITIPOS

Muchos de estos elementos se encuentran en la Biblia. Tomándolos en general son muy difíciles de interpretar, y dan trabajo aun a los predicadores más experimentados. Como hay tanto material en la Biblia que el predicador de experiencia y el de preparación limitada puede comprender e interpretar bien, parecería más conveniente que tal predicador no se meta en el terreno de los pasajes y de las figuras que difícilmente puede entender bien e interpretar satisfactoriamente.

Esta regla general tiene algunas excepciones. Encontramos tal excepción en algunos de los símbolos de Daniel y Apocalipsis, pero casi todos son poco menos que incomprensibles.

En el caso de resolverse a usar como base de una exposición antitipos, símbolos, visiones o sueños debe estudiarlos lo mejor posible por sí. Luego debe buscar el mejor comentario que esté a su alcance y leer cuidadosamente lo que dice al respecto. Y finalmente debe ser moderado en su interpretación, y cuidarse mucho de que la exageración no lo lleve.

Ejemplo de un mensaje basado en un símbolo.

Tema: **En la nueva creación no habrá más mar.**

Texto: Apocalipsis 21:1 "Y el mar ya no existía más".

Sacaremos algunas lecciones prácticas de lo que el mar representa simbólicamente en el Antiguo Testamento.

I. **Inquietud.**

   1. El agua del mar siempre se mueve.

   2. La vida humana siempre tiene algo de inquietud.

   3. Pero en la nueva creación no habrá nada de inquietud.

II. **Rebeldía.**

   1. Ningún poder puede controlar a los movimientos del mar.

   2. En todo ser humano hay algo de rebeldía.

   3. Pero en la nueva creación no habrá semejante cosa.

III. **Misterio.**

    1. Las profundidades del mar hablan de lo misterioso.

    2. En nuestra vida hay muchas condiciones que no entendemos.

    3. Pero en la nueva creación todo se entenderá.

IV. **Separación.**

    1. Para el judío antiguo, viajar por el mar representaba una separación muy grande.

    2. En nuestra experiencia humana tenemos que experimentar muchas separaciones.

    3. Pero en la nueva creación no habrá más separaciones.

XV

PLATICAS BASADAS EN EL CANTO

La experiencia de todos los que han hecho uso de esta forma de presentación confirma que son de mucho valor. Presentan verdades sobresalientes del evangelio en forma que las hace muy atractivas e impresionantes. Provee además un medio para variar la naturaleza de las reuniones de costumbre. Son apropiadas para cualquier clase de reunión, ya sea de evangelización o para creyentes. Si nos acostumbramos a usar los himnos de nuestro himnario, juntamente con el gran número de coritos que todo el mundo conoce, tendremos una infinidad de temas que se pueden presentar.

Pasos en la preparación y presentación de ellos.

1. Escoger con cuidado el tema.

2. Hacer el bosquejo como si fuera para un sermón cualquiera.

3. Escoger los himnos o los coritos que expresen las verdades de sus divisiones. Muchas veces una sola estrofa de un himno reúne esta condición, y en este caso es mejor usar solamente esa estrofa más bien que el himno entero.

4. Si hay buenos cantores conviene cantar la mayor parte de las selecciones como música especial. Pero también conviene tener algunas selecciones cantadas por la congregación. Luego algunas selecciones puramente instrumentales hacen más atractivo el programa.

5. He aquí algunas sugestiones en cuanto a la presentación de la plática. Conviene escribir en el pizarrón o en el cartel el bosquejo, con los pasajes bíblicos y los himnos que se cantarán, anotando entre paréntesis las estrofas que se cantarán.

En el desarrollo, el director unirá con breves palabras las diferentes divisiones. También podría usar a varias personas para hacer esto. Puede terminarse con la lectura de un himno, una poesía o un pasaje de la Biblia que destaque el pensamiento central del programa, y luego una oración.

XVII

PLATICAS BASADAS EN UN HIMNO

Los himnos contienen muchos pensamientos y enseñanzas espirituales de gran valor. Pero en la mayoría de ellos no es tarea fácil dar con estos pensamientos, ya que en muchos casos varias enseñanzas son mezcladas en la misma estrofa. Como ejemplo, vamos a hacer un bosquejo de los pensamientos sobresalientes en el himno Nº 275.

Tema: **Sembrando la simiente del evangelio.**

I. La resolución de sembrar la simiente preciosa.

II. La determinación de hacer esto mientras viva.

III. Clases de corazones en que se sembrará la simiente preciosa.

1. Los corazones duros (de mármol).

2. Los corazones sensibles.

IV. El resultado de la siembra será dejado en manos de Dios.

V. Pero al encontrarse en la casa de Dios tiene la seguridad de la cosecha.

Añade mucho al beneficio recibido al cantar los himnos un estudio cuidadoso de la significación de las palabras de los mismos por el hecho de que casi todo el mundo, al cantarlos, **presta atención a la tonada más bien que a la significación de las palabras.**

El que haga un análisis en forma de bosquejo de los himnos en una carpeta o cuaderno sacará muchos beneficios: el ejercicio en hacer bosquejos, mejor comprensión de los himnos, gran caudal de material para usar en diversas clases de reuniones, y, sobre todo, inspiración muy grande para su alma.

Siempre que sea posible convendría usar carteles o el pizarrón en la presentación de análisis de himnos.

Si pueden conseguirse algunos datos en cuanto al autor del himno y al motivo que tuvo para escribirlo, estos datos servirán como buena introducción. Pero debe presentárselos en forma breve.

XVIII

ASUNTOS SEMI-RELIGIOSOS

Muchas veces el predicador tiene que tratar asuntos de esta naturaleza. Algunos ejemplos sobresalientes son: "El alcoholismo", "La paz y la guerra", "El comunismo", "La separación de la Iglesia y el Estado", "Las implicaciones de la fuerza atómica", etc. Luego, en el terreno de la moralidad y la ética, se encuentran muchos asuntos que tienen relación íntima con la religión, pero en gran parte no son directamente espirituales. Como ejemplo de esto tenemos la honestidad en los negocios y en la política.

Algunas indicaciones en cuanto a cómo prepararlos y tratarlos.

1. Ha de hacerse un estudio extenso e intenso del asunto, llegando a comprenderlo bien, y recogiendo todos los datos posibles al respecto.

2. Deben buscarse algunas referencias bíblicas más o menos relacionadas con el asunto, para así conectar los datos que se presentan y sus argumentos con la religión.

3. Necesita mostrarse cómo la religión puede ser usada para ayudar a resolver los problemas relacionados con el asunto. Un buen ejemplo de esto es el uso que la organización "Alcoholistas Anónimos" hace de la confianza en Dios como base de sus esfuerzos tan eficaces para ayudar a los alcoholistas patológicos.

4. Es necesario explicar la importancia que para la práctica de la religión tiene una determinada manera de resolver un asunto. Por ejemplo, es de importancia mostrar cómo la separación de la Iglesia y el Estado afecta el funcionamiento de la Iglesia y la eficacia de la religión.

5. Ha de mostrarse el conflicto y la competencia entre ciertas tendencias y movimientos y la religión, como por ejemplo, el comunismo o las diversiones comercializadas.

6. Tratando asuntos semi-religiosos se debe hacer el mejor uso posible de la lógica, la psicología y del mejor método posible de presentar el material, procurando persuadir por medio de argumentos corteses más bien que por luchas ofensivas.

XIX

PLATICAS BASADAS EN RESUMENES DE LIBROS

Consisten en presentar en forma de resumen un libro que trata de un asunto religioso, en una o más reuniones. Estando más o menos bien hecha, la presentación atrae mucho la atención y provee alimento espiritual. Con algo de esfuerzo y práctica es fácil presentar resúmenes atractivos.

En castellano tenemos un buen número de libros que se prestan para esta clase de presentación.

Los siguientes son algunos· de los sobresalientes:

Pasa Jesús. *S. Canclini.*

La Paradójica Victoria de la Cruz. *S. Canclini.*

La Oración Eficaz. *N. Allen.*

Doctrinas para Ganar Almas. *J. E. Turner.*

La Mayordomía de la Vida. *F. A. Agar.*

El Próximo Avivamiento. *R. C. Campbell.*

El Triple Secreto del Espíritu Santo. *J. McConkey.*

Todo el Mundo en Toda la Palabra. *O. W. Carver.*

El Peregrino. *J. Bunyan.*

La Pasión por las Almas. *E. F. Hallenbeck.*

I. Manera de preparar esta clase de plática.

1. Leer cuidadosamente el libro, subrayando las citas que más le llaman la atención y los pasajes bíblicos que se quisieran usar.

2. En la mayor parte de los libros se pueden usar los encabezamientos de los capítulos como divisiones del tema. "El Peregrino" es una excepción a esta regla. Así que para este o cualquier otro libro parecido tendrían que hacerse sus propias divisiones.

3. Conviene escribir en forma clara, y de la manera más resumida posible, el pensamiento sobresaliente de cada capítulo, y hacerlo una parte del bosquejo. También conviene tener copiadas las citas del libro que se piensa usar y los textos bíblicos que se quieren leer.

II. Presentación.

1. Se hace más o menos como si fuera otra exposición cualquiera. Ha de evitarse que la impresión de que en treinta minutos va a presentar el contenido de todo un libro confunda a los oyentes.

2. El bosquejo escrito en un cartel o en el pizarrón
será una ayuda grande, y ayudará a cubrir el terreno
con más rapidez, a la vez que profundiza la impresión
en los oyentes.

3. Siempre ha de tenerse a mano el libro que se
estudia, y de cuando en cuando mostrarlo al auditorio y posiblemente leer algunas citas del mismo.

4. Algunas veces conviene ofrecer en venta el libro
al terminar el mensaje.

III. Ejemplo basado en "El Peregrino".

1. De la ciudad de destrucción hasta la cruz.

   a) Al saber que la ciudad sería destruida, huye.

   b) El Señor Evangelista le indica el camino
   hasta la puerta estrecha.

   c) Cae en el pantano del desaliento.

   d) Se desvía por la montaña de la ley.

   e) Entra por la puerta estrecha.

   f) Recibe instrucción en' la casa del señor Intérprete.

   g) Llegando a la cruz, su carga cae.

2. De la cruz hasta el río de la muerte.

   a) Pierde sus credenciales en el collado de las
   dificultades.

   b) Lucha con Apolión en el Valle de la Humillación y le vence por fe.

c) Pasa por el Valle de Sombra de Muerte.

d) Pierde a su compañero, señor Fiel, en la Feria de la Vanidad, pero consigue al señor Esperanza en su lugar.

e) Los dos quedan presos varios días en el Castillo de las Dudas.

f) Llegan al río de la muerte.

3. Del río de la muerte hasta la Ciudad Celestial.

a) Los dos pasan el río; el señor Cristiano lo hace con dificultades.

b) Dos seres resplandecientes les acompañan hasta la ciudad.

c) Al entrar reciben sus recompensas, y una bienvenida grande.

d) Reciben vestidos nuevos.

f) El autor sentía grande tristeza porque no pudo quedarse con ellos.

XX

PLATICAS QUE MUESTRAN COMO RESOLVER PROBLEMAS PERSONALES

Son numerosos los problemas que toda persona tiene que afrontar y necesita resolver. Por este motivo no hay otra forma de discurso o estudio que toca tan de cerca al individuo como aquel que le ayuda a comprender sus problemas y luego le orienta en cuanto a cómo resolverlos.

Sería imposible hacer una lista completa de tales problemas, pero algunos de los más sobresalientes son: depresión, tristeza, desaliento, duda, intranquilidad, preocupaciones, temores mórbidos, inconstancia, falta de ambición, falta de orientación en la vida, tentaciones, conciencia moral demasiado amortiguada o demasiado sensible, celos, envidia, soberbia, sentimientos de inferioridad, sentimientos de culpabilidad.

Para instruirse más en cuanto a este asunto recomendaría estudiar el libro "La Religión de Una Mente Sana", por R. L. Hudson. El estudio de libros como éste le dará una idea en cuanto a la naturaleza de muchos de los problemas que casi todo el mundo afronta y a la vez cómo tratar estos problemas en discursos o estudios.

Pasos para preparar y presentar esta clase de pláticas:

1. Hacer el mejor estudio del problema que pueda tanto desde el punto de vista psicológico como bíblico.

2. Como primer paso en la preparación del tema hacer el mejor análisis que pueda del problema.

3. Luego, como segundo, mostrar la importancia de resolver el problema y deshacerse del mismo.

4. Finalmente indicar claramente cómo librarse del problema.

Ejemplo de esta clase de exposición.

Tema: **Cómo conseguir la tranquilidad.**

I. El deseo de toda persona es tener tranquilidad de alma.

II. Sin embargo son muy pocas las que alcanzan esta meta.

III. Esto es cierto porque hay tantas condiciones que pueden causar la intranquilidad. Algunas de ellas son:

1. Salud física.
2. Pan de cada día.
3. Conflictos internos.
4. Fracasos individuales.
5. Malas relaciones sociales.
6. Falta de Dios en el centro de la vida.

IV. Cómo conseguir la tranquilidad.

1. Conociéndose a sí mismo debidamente.
2. Amarse a sí mismo debidamente.
3. Llevarse bien con sus semejantes.
4. Ser servicial.
5. Reconciliarse con Dios en Cristo.
6. Practicar constantemente el arrepentimiento y la confesión de pecados.

7. Al recibir el perdón de Dios perdonarse a sí mismo.

8. Tener a Cristo en el centro de su vida.

9. Permitir que la paz de Dios sea la brújula en su corazón.

XXI

PLATICAS BASADAS EN EL LIBRO "POR EL OJO AL CORAZON"

Es un librito que contiene ciento cuatro estudios bíblicos combinados con dibujos sencillos. Todos contienen bosquejos presentados en diversas formas, y casi todos tienen las referencias bíblicas que corresponden a cada división. En cuanto a su naturaleza, se encuentra una variedad grande de estudios tanto para el creyente como para el inconverso.

Sugestiones en cuanto a su uso:

1. Debe practicar los dibujos hasta poder hacerlos bien. Esto podría hacerse en papel borrador o en pizarrón, si se tuviese uno a mano.

2. No se debe practicar haciendo sólo los dibujos sino también las letras.

3. Conviene hacer los dibujos y los escritos en carteles, para poder hacerlos con cuidado y en diversos colores, y luego tenerlos a mano en cualquier momento que se precisa usarles.

4. Pero a la vez vale la pena practicar haciéndolos en el pizarrón rápidamente, para poder usarlos en cualquier momento de apuro.

5. En el caso que se quisiera hacerlo, podrían usarse los bosquejos sin los dibujos para reuniones en las cuales no conviene usar el dibujo.

6. En una reunión que sea suficientemente familiar para hacerlo, podrían repartirse papelitos con los textos, para que los oyentes tengan una participación en la presentación, busquen los textos y los tengan listos para leer.

7. En el desarrollo del tema deben explicarse los puntos, los textos que les acompañen y luego conectar todo con el pensamiento ilustrado por el dibujo.

Además de los dibujos y estudios que se encuentran en el libro "Por el Ojo al Corazón", sería útil hacer una colección de dibujos y estudios semejantes que se encontrarán en cualquier lugar, incluyendo los estudios con dibujos sencillos que se encuentran en el tratado "El Sembrador".

XXII

COMO USAR EL PROYECTOR

Un proyector de vistas es de mucha utilidad. El que da más resultados es el que sirve para pasar películas fijas, placas y también láminas de papel.

Pudiendo hacer uso de las tres formas de material, es posible tener un surtido extenso de materiales. Se precisa hacer una clasificación cuidadosa de las láminas, si se tiene una cantidad grande de ellas.

Los pasos para hacer buen uso de un proyector son los siguientes:

1. **Manejo del proyector.** Resta mucho de la eficacia de la reunión si el que opera con el proyector no sabe hacerlo, y ante el público tiene que aprender cómo poner y sacar las placas, cómo sacarlas en la forma debida (y no con las figuras hacia abajo o al revés). También es necesario saber cómo hacer en el caso de que se trabe. En cuanto a las láminas, muchas veces se doblan al calentarse demasiado, y el operador tiene que saber cómo sacarlas sin quemarse y sin proyectar sus dedos en la pantalla.

2. **Explicación de la película.** Si quiere, el operador puede limitarse a leer las explicaciones del manual. En el caso de hacerlo, ha de tener cuidado para saber el número del cuadro que esté en la pantalla para no perderse.

En el caso de placas o láminas que se usan sin un manual, se han de organizar bien, en primer lugar. Es mejor hacer esto alrededor de un determinado tema que se desea desarrollar. En segundo lugar, se necesita estudiar muy bien cada pequeño detalle de la vista que se proyecta (y especialmente si se trata de algo relacionado con la Biblia). En cuanto a la oscuridad que la buena proyección hace necesaria no hay necesidad de entrar en explicaciones.

En el caso de vistas que son desconocidas conviene

proyectarlas particularmente de antemano y estudiarlas bien.

3. Ubicación conveniente. En cuanto al problema de dónde y cómo colocarse al explicar las vistas, si no hay otra persona que sepa manejar el proyector no queda más remedio que ponerse al lado del proyector. Pero si es posible conseguir quien maneje el proyector, entonces ha de ponerse al lado de la pantalla. Debe tenerse cuidado de no dar la espalda a los oyentes. Quizá la mejor posición sea ponerse con la espalda hacia el costado, de tal manera que pueda verse la vista proyectada y a la vez a los oyentes. A la vez de esta manera será mejor entendido.

Casi siempre conviene usar un puntero para indicar los detalles de la vista.

Las vistas proyectadas pueden ser usadas en cualquier forma de reunión, desde las de niños hasta los cultos de evangelización.

Con un poco de ingenio y esfuerzo se pueden escribir textos y coros con tinta china sobre vidrio, o en el caso de tener proyector para láminas, resulta útil escribirlos en tarjetas blancas con tinta china.

XXIII

PLATICAS OBJETIVAS

Las exposiciones objetivas retienen la atención y hacen una impresión profunda en personas de toda clase de edad. Son de importancia especial en el trabajo con los niños.

Hay varias clases. Algunas son muy sencillas. Algunas se basan en dibujos y en uso del franelógrafo. Otras son bastante complicadas y muestran, por el uso de elementos químicos, el plan de salvación.

Sugestiones en cuanto a su uso.

1. El primer paso es estudiar cuidadosamente la lección o sermoncito que se piensa presentar.

2. El segundo paso consiste en preparar bien todo el material que se va a precisar.

3. El tercer paso es practicar privadamente la presentación y explicación de lo que se piensa presentar.

4. El cuarto paso consiste en presentarlo bien. Esto quiere decir que la presentación debe ser adaptada a los oyentes. En el caso de los niños ha de esforzarse grandemente para adaptar su presentación a ellos.

Luego, es de suma importancia presentar la lección con comodidad y sin sentirse cohibido.

Debe remarcar las enseñanzas principales con el uso de textos que presenten la verdad central del mensaje, intercalando coritos o himnos acertados. Por ejemplo: se puede usar "El Librito sin Palabras" con la hoja de color negro para representar el corazón inconverso.